LE
DROIT DE LAGAN

PAR

M. A. de FLORIVAL

Président honoraire du Tribunal civil d'Abbeville,
President de la Société d'Émulation.

ABBEVILLE

IMPRIMERIE F. PAILLART

26, rue de l'Hôtel-de-Ville, 26

1913

LE

DROIT DE LAGAN

PAR

M. A. de FLORIVAL

Président honoraire du Tribunal civil d'Abbeville,
Président de la Société d'Émulation.

ABBEVILLE

IMPRIMERIE F. PAILLART

26, rue de l'Hôtel-de-Ville, 26

1913

EXTRAIT DES *Mémoires de la Société d'Émulation d'Abbeville,*
Tome XXIIIe de la Collection, 2e Partie.

LE

DROIT DE LAGAN

La question des épaves peut se poser plus facilement dans notre région que dans bien d'autres également limitrophes de la mer. La côte picarde, les bancs de Somme, en particulier, furent, à toutes les époques, le théâtre de nombreux sinistres. Combien de navires vinrent, par les tourmentes, s'y briser et souvent s'y perdre corps et biens. Sur une longue étendue de falaises d'abord, de galets ensuite, de dunes enfin, il n'existait et il n'y a encore, du Tréport à Boulogne, que de petits ports ou anses de difficile accès et l'on conçoit que, dans un langage tristement emphatique, on ait dit, de ces parages inhospitaliers, qu'ils étaient « le cimetière des marins ».

La dernière période du xviii° siècle fut surtout, sous ce rapport, une période néfaste. M. Huguet, dans sa très complète et instructive histoire de Saint-Valery-sur-Somme [1], a relaté les naufrages de navires au Hourdel, à Cayeux, au bourg d'Ault, au Crotoy, sur les bancs de Somme et à la pointe de Saint-

___

1. 2ᵉ partie, p. 1215-1218. (Paris, Champion, 1909.)

Quentin. Dans sa monographie de Quend [1], M. Du-
fételle relate que, le 6 juillet 1521, un navire,
chargé de diverses marchandises et notamment de
coutellerie, fut jeté à la côte et pillé par les habitants
contre lesquels un procès-verbal d'information fut
dressé par le mayeur et les échevins. D'après le
même auteur, en 1631, un gros vaisseau espagnol,
transportant des gens de guerre, vint se perdre au
même endroit ; mais son capitaine put, grâce à l'al-
liance existant alors entre les deux nations, en retirer
tout ce qu'il voulut.

Dans une communication faite à la Société des
Antiquaires de la Morinie sur le transport des vins
amenés de Champagne à Saint-Omer au XIVe siècle [2],
M. J. de Pas a rapporté, qu'en 1363, d'après une
pièce tirée des archives de Saint-Omer, portant
cette date, la nef de « Henry Gastebien de Lescluse »
qui avait chargé aux quais de Rouen des vins pour
des marchands et bourgeois dudit Saint-Omer, fit
naufrage en vue d'Etaples et que les marchandises
et vins y contenus et ainsi venus à « lagan » sur le
rivage avaient été saisis par les riverains.

M. de Pas a ajouté, qu'excipant d'un privilège
octroyé en 1206 par Renaud, comte de Boulogne, et
toujours renouvelé depuis, permettant aux bourgeois
de Saint-Omer de revendiquer leurs biens venus à
lagan sur les côtes du comté de Boulogne, les vic-
times de ce détournement de leurs barrique de vin en
obtinrent la restitution.

Il est encore, dans la même communication, fait

1. Imprimerie nouvelle. Abbeville, 1907, p. 36 et 37.
2. 243e livraison du *Bulletin historique* de la Société des Antiquaires
de la Morinie.

mention de ce « qu'en 1377, Jehan de Wissocq et
« Jacques de Wissocq avaient réclamé, avec d'autres
« bourgeois de Saint-Omer, au bailli du comté d'Eu
« et Ault, des pièces de vin chargées sur la nef de
« Sainte-Catherine de Dunkerque qui s'était échouée,
« *par fortune de mer*, sur les côtes d'Ault et Eu,
« qu'enfin, en 1393, Vincent de Wissocq avait reven-
« diqué auprès du bailli de Berghes les tonnes et
« pipes de vin ayant été rejetées sur la grève des
« environs de Dunkerque par suite du naufrage des
« deux nefs qui les portaient. »

M. Georges Durand, archiviste du département de
la Somme, le savant auteur de la monographie de la
cathédrale d'Amiens, a, dans le bulletin n° 37 (11-12),
année 1908, p. 149 et suiv., de la Société d'histoire
et d'archéologie du Vimeu, décrit le naufrage d'un
navire, jeté le 16 juin 1521 à la côte du Marquenterre, entre l'embouchure de la Somme et celle de
l'Authie. Ce navire, venant d'Anvers à destination
de Rouen, était chargé de diverses marchandises :
étoffes, coutellerie, vin, draps, etc...

A la première nouvelle de cet échouement, la po-
pulation des environs accourut au rivage, les uns
pour aider au sauvetage, les autres, en plus grand
nombre, pour piller les denrées que « beaucoup,
« tant hommes que femmes et fort *touillés* (mêlés)
« ensemble tiraient à eux ». Dans cette irruption
spoliatrice, le maître du navire en détresse qui dé-
fendait la cargaison confiée à sa garde, reçut un coup
de couteau. L'intervention du maïeur du Marquenterre ne put rien arrêter. Un des assistants fit même
valoir que, comme on était en guerre avec les Fla-
mands qui avaient même infligé un échec aux Fran-

çais, le tout était de bonne prise. On s'arracha donc les marchandises qui furent vendues dans le pays jusqu'à Rue et Montreuil.

L'érudit auteur de cette intéressante notice, qui a puisé ses documents dans les archives de la commune de Quend, a rapporté qu'il avait été, le 6 juillet suivant, procédé à une enquête dans laquelle il avait été reçu beaucoup de dépositions qu'il a reproduites *in extenso* et qui sont très curieuses au point de vue des mœurs et de la mentalité des habitants d'alors du Marquenterre. Les pillards y font bien l'aveu de leurs soustractions suivies de quelques restitutions. Ils conviennent d'avoir, suivant l'expression de l'un d'eux, agi de « francque liberté » et « sans charge d'aultruy », c'est-à-dire sans ordre ou autorisation de qui que ce soit et d'avoir mérité une punition ; mais, au fond, ne paraissent pas bien se rendre compte de l'étendue de leur responsabilité. Plusieurs furent arrêtés, mais nous ignorons la sanction définitive de ces actes de violences et de ces larcins.

A toutes les époques et quoique cette âpre appréhension des dépouilles des naufragés répugnât, comme dit du Cange, à toute l'humanité et vint ajouter au triste sort des malheureux, elle ne s'est pas moins produite dans tous les pays où trop souvent on a cherché, quand on ne les provoquait pas, à tirer profit des sinistres maritimes : hommes, femmes, enfants courant à la grève comme à une curée. Il a été raconté que parfois, dans certaines régions, une vache aux cornes de laquelle était attachée une torche enflammée et qu'on faisait, la nuit, aller et venir sur le rivage, avait entraîné, au milieu des récifs, les marins s'imaginant voir, dans ce fanal mouvant, le feu d'un autre navire balancé par les flots à quelque distance de la côte. Ces scènes dramatiques ont souvent inspiré les romanciers comme les artistes.

En 1065, Harold, venu en Normandie pour obtenir du duc Guillaume la remise d'otages, fut poussé par un vent contraire vers l'embouchure de la Somme sur les terres de Guy Ier, comte de Ponthieu. Au lieu d'être humainement secouru, il fut, ainsi que ses compagnons, dépouillé de la meilleure partie de ses effets et enfermé, d'après une tradition plus ou moins erronée, dans une tour s'élevant à l'extrémité de Saint-Valery, portant encore actuellement son nom et, plus certainement, dans la forteresse de Belram, aujourd'hui Beaurain-le-Château (Pas-de-Calais) [1].

L'explication de ces instincts de pillage et de ces mœurs barbares peut se trouver, sans doute, dans la perversité humaine, mais il est intéressant de rechercher si, en maints endroits et sous des influences diverses, celle-ci n'a pas revêtu certaine subtilité juridique envisageant le *bris* comme une sorte de droit d'alluvion, qui justifierait non pas les violences sur les personnes, mais la prise de possession des objets jetés par la mer au rivage.

M. Bouthors, dans les *Coutumes locales du bailliage d'Amiens* (t. I, p. 358 et suiv. Amiens, 1845), a con-

---

1. Augustin Thierry, *Histoire de la conquête de l'Angleterre par les Normands*, t. I, p. 279. Paris, Mesnier, 1830. — On a écrit aussi Belrem. M. A. Van Robais a, dans une note détaillée parue dans les *Mémoires* de la Société d'Emulation, 1877-1883, p. 289 et suiv., adopté cette opinion.

sacré à l'examen de cette question une étude très documentée que nous nous contenterons d'analyser.

Le lagan, connu plus généralement sous le nom de droit de *bris*, règle le sort des objets apportés par les vagues, soit qu'ils aient une provenance inconnue, soit qu'ils dérivent d'un sinistre maritime[1].

On a cherché à expliquer, qu'au temps où les navires appartenaient à leurs équipages et les marchandises à leurs propriétaires qui les accompagnaient, on devait présumer que si, au moment du naufrage, nul ne se présentait pour réclamer son bien, celui-ci devait être considéré comme *res nullius* et comme succession vacante, de sorte qu'il pouvait être appréhendé par le premier occupant. Mais ce n'est là qu'une simple fiction reposant sur un fait exceptionnel, la présence à bord des propriétaires des marchandises, qui ne suffirait pas, d'ailleurs, à établir l'abandon, en réalité dû à un cas de force majeure, par le légitime possesseur de cette cargaison.

On a, avec plus de vraisemblance, fait remonter cette sauvage coutume à l'hostilité et aux instincts de vengeance des populations ravagées par les flottilles saxonnes ou danoises, alors dominatrices des mers et qui, au cas de bris d'un de leurs esquifs, en massacraient l'équipage et en pillaient tout ce qu'il contenait à titre de représailles et de restitution du butin, fruit de longues exactions.

Il nous paraît tout aussi plausible d'attribuer ces enlèvements d'épaves à cette idée encore si répandue, malgré les sanctions pénales, et si suggestive pour

---

1. Lagan, seu Laganum jus, illud appellabant quod dominis feodalibus competebat in rebus quæ ad littus ejiciebat maris æstus. Du Cange, *Glossarium ad scriptores mediæ et infimæ latinitatis.*

certains esprits, que l'on peut prendre et garder tout objet trouvé sans avoir à en rechercher le propriétaire.

Il y a toutes raisons de croire que les habitants des localités voisines de la mer se livrèrent, impunément et exclusivement, à ces déprédations jusqu'à l'époque féodale où alors les seigneurs se trouvèrent, de par de vieilles coutumes, mises peut-être en usage pour limiter, sinon arrêter les violences et la barbarie d'une populace effrénée, investis de la propriété de ce qui était jeté au rivage. « Les cozes trouvées et les « espaves qui n'ont point de suite doivent estre au « seigneur qui a la haute justice[1]. » Ainsi en fut-il, comme le dit M. Bouthors, sur les côtes du Vimeu, du Marquenterre, du Boulonnais et de la Flandre[2]. L'article 2 de la coutume de Saigneville énonce « qu'à icelle dame » (la dame de Saigneville) « ès « mettes de la vicomté, appartient tous droits de « *lagantz* et choses espaves qui y arrivent. »

En 1257, Jeanne, comtesse de Ponthieu, fait don de la seigneurie de Saint-Quentin-en-Tourmont à son parent, Odon de Roncherolles, chevalier, à cause de ses bons services, mais en se réservant le droit de *lagan* ou d'épaves, la garenne, les baleines et autres poissons royaux[3].

---

1. Les coutumes de Beauvoisis par Philippe de Beaumanoir, jurisconsulte de la première moitié du xiii° siècle. L. LVIII, 3.

Leges Henrici I", Regis Angl., cap. 10, ubi jura regia recensentur : hæc sunt jura, quæ Rex Angliæ solus et super omnes homines habet in sua terra... thesaurus inventus, naufragium, maris algarum, etc. Du Cange, *loc. cit.*

2. « Les villages qui composent la susdite comté (Ponthieu) sont Saint-Josse, Saint-Aubin, Cappelle, Cucq, etc. Elle a, dans l'étendue de ladite comté, toute justice haute, moyenne et basse ; le droit de *Lagan* sur le rivage de la mer, toutes les dixmes, garennes et bois, etc. » P. Ignace, *Histoire ecclésiastique d'Abbeville*. Paris, 1646.

3. De Belleval, *Fiefs du Ponthieu*, p. 301.

Cet état de choses se trouve encore constaté dans un aveu et dénombrement de la terre de Berck [1] :
« Item j'ay, en ma dicte terre de Bercq, touttes confis-
« cations des biens des batards comme d'aultres et
« toutes choses *espaves*, velles et aultres droictz à
« cause de mad[lo] visconté où qu'ilz soient trouvé,
« soit à soubz marre (*sic*) ou droit de bris, naufrage,
« admirauté et *laguen*, ensemble le second et trois[e]
« poisson d'après le meilleur de chasque batteau
« venant de la mer, avecq le solz pour livre de la
« vente dudict poisson et vingt huict solz deubtz par
« chacun an par les maistres et compagnons de cha-
« cun bateaux. »

Cette attribution aux seigneurs du droit de lagan ne remédia pas toujours au mal. Il y eut, de la part de certains d'entre eux, des abus de pouvoir qu'on ne saurait trop flétrir. C'est ainsi qu'un auteur qui, en des pages imagées, a donné un si vif relief à ses descriptions des provinces de France et qui a re-cueilli tant de traditions et de légendes, a rapporté qu'un vicomte de Léon, dans cette Bretagne où le droit de lagan s'exerçait avec une fureur inouïe, aurait dit, en parlant d'un écueil : « J'ai là une
« pierre plus précieuse que celles qui ornent la cou-
« ronne des rois [2]. »

---

1. Rendu le 10 août 1632 par Charles des Essars, chevalier, baron de Meigneux, seig[r] de Berck, à son suzerain Claude de Croy, comte de Roeulx et du St-Empire, seig[r] de Beaurain. (Original parchemin, 24 ff. Archives du château de Verton.) Communication de M. Rodière.

2. *La Bretagne*. Note de Michelet.

Théodore Botrel, le barde breton, a aussi versifié sur le même sujet :

> Simulant un navire en berne
> Balançant doucement ses feux,
> Nous n'attachons plus la lanterne
> A la corne de nos bœufs...

Aussi des protestations s'élevèrent-elles contre ce mépris éhonté de la propriété d'autrui et trouvèrent-elles leur écho en haut lieu. Il y a, comme on l'a dit, une justice immanente. Elle se manifesta dès la fin du xii° siècle. Nous en trouvons la preuve indéniable dans deux chartes de 1191 [1]. Dans la première, Philippe-Auguste, roi de France, déclare faire à jamais remise du « lagan marin » dans le Ponthieu et dans tout son royaume pour le salut de son âme, de sa postérité et de ses ancêtres et annonce, qu'à son exemple, le comte de Flandre, la comtesse de Boulogne, le comte de Ponthieu, Bernard de Saint-Valery et Guillaume de Cayeux, obéissant aussi bien à la volonté royale qu'aux sollicitations des Pères des conciles de Bretagne où cette renonciation avait déjà été obtenue, ont fait pareil abandon du droit vexatoire de lagan.

Dans la seconde charte, qui confirme la première, Guillaume de Champagne, archevêque de Reims, fait ressortir le caractère odieux du droit de lagan, aussi « détestable aux yeux de Dieu qu'à ceux des « hommes » et se félicite d'en avoir, à sa sollicitation, fait proscrire, pour toujours, par le roi et les seigneurs précités le coupable exercice. Cette charte

> Mais, si nous sauvons avec joie
> Le matelot agonisant
> Nous gardons ce que nous envoie
> L'Océan !
>
> *(Les guetteurs d'épaves).*

1. Archives de la ville d'Amiens, cote E, fol. 10 v°. Rapportées *in extenso* par Auguslin Thierry. *Recueil des monuments inédits de l'histoire du Tiers-État.* Paris, Didot, 1850, t. I, p. 115 ; par Daire, *Histoire de la ville d'Amiens.* Paris, 1757. Pièces justificatives. T. I, p. 516 et 517 ; par M. Bouthors, *loc. cit.*, p. 361 et 362 et citées par M. Durand. M. Traullé, *Annales du commerce de mer d'Abbeville.* 1819, p. 27.

datée d'Amiens a dû, ainsi que l'a justement relevé Augustin Thierry, être accordée à la prière des habitants de cette ville dont le commerce, comme celui des autres cités avoisinantes, devait grandement souffrir des déprédations qui éloignaient les navires des côtes inhospitalières de la Picardie.

C'est, sous l'influence de ces idées d'humanité et de défense des droits les plus respectables, que la coutume de Favières [1], de la prévosté de Saint-Riquier, mentionna, en son article 9, qu'il appartenait aux religieux de Saint-Valery « tous *laguens*, warestz et « aultres choses jetées hors de la mer, es mectes et à « l'endroit de leur territoire dudit Favières, en tant « et si avant que ladite terre se comporte et estend ; « lesquels *laguens*, warestz et aultres choses jectées « de la mer estaient poursuis et que duement fut « apparu et informé auxdits religieux, leurs bailly et « officiers, lesdits laguens, warestz et aultres choses « estre et appartenir à celuy qui ferait ladite pour- « suite, par juste merque ou compas et aultres justes « enseignements, *lesdites choses leur seraient rendues*, « *en paiant le sauvage et autres mises de justice.* »

De par la volonté royale, le droit de *lagan* se trouvait ainsi légalement aboli sur les côtes de Picardie. Sans doute, il y eut encore des actes de brigandage maritime, mais ils ne pouvaient plus se couvrir d'une apparence de droit consacré par un long usage. Les dispositions législatives prises ultérieurement ne firent que confirmer le mouvement généreux de 1191. C'est ainsi que, s'inspirant du même esprit, l'ordonnance de 1543 donna aux naufragés

---

1. Rapportée par M. Bouthors, *loc. cit.*, t. I, p. 487.

l'an et jour pour réclamer leur bien, faute de quoi ils étaient déchus. Nous en trouvons un exemple dans la contestation suivie de transaction et que nous avons cru consigner ici à raison du lieu du naufrage ressortissant de notre région maritime :

« Le 10 juillet 1598, il intervint une transaction entre messire Charles des Essars, chev^{or}, seig^r de Maignieulx, du Hamelet, gouverneur pour Sa Ma^{té} des ville et citadelle de Monstrœul, frère et héritier par bénéfice d'inventaire de deffunct messire Jacques des Essars, vivant gouverneur de la d^{te} ville d'une part ; et Thomas et Estienne Baillet, m^{es} de navire naguères demeurant à Bercq, présentement réfugiez à cause des guerres en la ville de St-Walery, d'aultre part ; et recongnurent lesdites parties que, dès le mois d'octobre M. Ve IIII^{xx} douze d^{er} passé, aurait esté naufragé ès cottes de Grofliers un navire nommé *la Bazilicque de Flesinghe*, venant d'Espaïgne, laquelle pour n'avoir esté réclamée dans le temps porté par les éditz et ordonnances roiaulx, led. feu sieur de Maignieulx aurait obtenu le don du tiers escheu à la Couronne de lad. Bazilicque, avecq de toutes les marchandizes y estans, par lettres pour ce expédiées au nom et prouffict dud. feu sieur de Maignieulx par Monsieur le duc de Maïenne, lors lieutenant de l'estat roial et couronne de France. Comme aussy led. feu s^r de Maignieulx auroit au même temps obtenu le don de Monsieur d'Aumalle, lors admiral en Picardie, du tiers à lui escheu à cause dud. naufrage, tant de ce qui se pouvoit lors reouvrer [de] lad. navire, que de ce qui se reouvriroit... » Lesdits Baillet avaient « trouvé », prins et aplicqué à leur prouffict quatre sacqz de roialles (réaux) d'Espagne, provenant de lad. navire, quilz disent avoir trouvés sur le sable desd. cottes de Grofliers ». (C'était la matière du procès) [1].

Plus tard, le titre IX, livre IV, de l'ordonnance du mois d'août 1681 comprit, en 45 articles, une série de mesures à prendre pour les cas de naufrages, bris et échouements.

Tout d'abord, l'article 1er place sous la protection royale les vaisseaux, leur équipage et chargement qui auront été jetés par la tempête sur les côtes ou qui, autrement, y auront échoué et, généralement, tout ce qui sera échappé du naufrage.

L'art. 2 enjoint de porter secours aux personnes et édicte contre ceux qui auront attenté à leur vie et biens la peine de mort, sans qu'il leur puisse être *accordé aucune grâce.*

L'art. 3 prescrit aux seigneurs et habitants des paroisses voisines de la mer, aussitôt les naufrages et échouements survenus le long de leurs territoires, d'en avertir les officiers de l'Amirauté et, à cet effet, de commettre, au commencement de chaque année, une ou plusieurs personnes pour y veiller en vue du pillage qui pourrait arriver, à peine, selon l'art. 19, d'être punis comme recéleurs.

Les art. 44 et 45 ont pour but de réprimer, tout spécialement, les seigneurs côtiers et tous autres qui auraient forcé les pilotes ou « locmans » de faire échouer les navires contre le littoral joignant leurs terres. Ils seront punis de mort comme ceux, est-il dit dans l'article suivant, « qui allumeront la nuit

---

1. Minutes Bellin et Allard. Etude actuelle de M' Quantin, à Montreuil. Document communiqué par M. Rodière.

« des feux trompeurs sur les grèves et dans les lieux
« périlleux pour y attirer et faire perdre les navires
« et dont les corps seront attachés à un mât planté
« aux lieux où ils auront fait les feux ».

Malgré la rigueur de ces pénalités, les instincts
pillards de certaines populations maritimes des côtes
picardes ne furent pas complètement maîtrisés.
Nous en trouvons la preuve dans deux documents
absolument authentiques qui nous ont été communi-
qués par notre regretté collègue le baron Tillette de
Clermout-Tonnerre et qui sont des plus significatifs.
Ce sont deux monitoires en vue d'atteindre les voleurs d'épaves. Le premier, du 2 mai 1740, intitulé :
« Officialis Ambianensis, omnibus et singulis diœ-
cesis Ambianensis curatis aut eorum vicariis aliisve
Presbyteris ad infrà scriptorum executionem depu-
tatis ; salutem in Domino » s'explique ainsi : « De la
partie du sieur procureur du roy de l'amirauté d'Abbeville nous a été exposé en complaignant que, dans
le débris du navire nommé *le Télémaque*, venant
de la Martinique, du port de trois cents tonneaux
ou environ, commandé par le s^r Preud'homme, du
Havre de Grâce, échoué à la côte de Cucq [1], le 5 du
mois de décembre 1739, chargé de balles de coton,
café, sucre, étoffes et quelques barils d'indigo, lequel
navire s'est brisé totalement le lendemain et les
marchandises et effets espares le long de la cotte
dudit lieu près de deux lieues à la mer, il a été fait
des vols considérables, tant par les tendeurs de basse
eaue que riverins et que par d'autres quidams, lesquels ont pris et emporté plusieurs desdites mar-

---

1. Cucq, c. de Montreuil, sur la rive gauche de la Canche.

chandises et effets, comme aussi un coffre apparte-
nant au sʳ Nicolas le Vasseur, cy-devant conseiller
du Parlement, qu'estoit passager avec Madame son
épouse dans ledit navire où il y avait de l'argent et
plusieurs effets et que les deux autres coffres qui luy
ont été vendus auraient esté ouvers à la coste, pris et
volé plusieurs hardes et effets, et que, pour avoir
revelation de ce que dessus il a donné sa plainte au
sʳ lieutenant civil et criminel de l'amirauté dudit
Abbeville le 10 dudit mois de décembre lequel, par
son ordonnance dudit jour, luy a permis de faire
informer, même d'obtenir monitoire que nous luy
avons accordé pour obliger de venir à revelation
tous ceux et celles qui ont connaissance des faits cy-
dessus exprimés, et d'autant que de tout ce que
dessus, circonstances et dépendances, plusieurs
peuvent parler, en ont vû, sçû, connu ou entendu
quelque chose et y ont donné conseil, faveur ou
aide et néanmoins s'en taisent au péril et damnation
de leurs ames, au grand préjudice, dommages et
intérest dudit sʳ Exposant lequel pour en avoir
preuve et revelation a humblement imploré notre
office. »

Suit la formule d'excommunication en latin que
nous traduisons ainsi :

« C'est pourquoi nous mandons, ainsi que nous en
avons été requis par ledit Exposant, que, par trois
jours de dimanche successifs, à la messe paroissiale,
lecture soit donnée des présentes lettres à haute et
distincte voix et avis donné aux malfaiteurs de s'y
conformer dans un délai de cinq jours et également,
dans le même délai, toutes personnes ayant su,
connu ou entendu quelque chose de ces agissements ;

que, cinq jours après la troisième publication du monitoire, l'excommunication serait encourue et que,
cinq autres jours consécutifs étant écoulés sans que
satisfaction fut donnée, ladite sanction serait rendue
plus sévère. Aggravamus, porte le texte, et en outre,
un degré de plus d'excommunication : Reaggrava-
mus, au cas où après un dernier et nouveau délai de
cinq jours, lesdites prescriptions n'auraient pas été
observées. Datum Ambiani sub nostris signo et sigillo
et Curiæ spiritualis sigillo, anno Domini millesimo
septingentesimo quadragesimo die secunda maij. »

Le second monitoire, dont le préambule est le
même à cette différence qu'il est qualifié de grande
conséquence, relate les faits suivants :

« De la partie de Mᵉ François la Caille, Conseiller
et Procureur du Roy au siège de l'Admirauté de
Sᵗ-Valery, y demeurant : Nous a été exposé en complaignant que, la nuit du 23 au 24 janvier dernier,
un navire de fabrique « anglois » du port d'environ
250 tonneaux, muny de canons et chargé de marchandises, ayant roullé sur les bancs de Somme à la
marée d'après midy dudit jour 23, serait échoué à la
côte, assez proche du Perroir et à la distance d'une
portée de mousquet des maisons du bourg de Cayeux,
vers l'ouest ; que, dans ledit navire, plusieurs « Quidants » y étant allés et montés dans iceluy, n'y
ayant trouvé personne, prenant l'occasion du temps
de l'avis qu'on était allé faire aux officiers de l'admirauté de Sᵗ-Vallery, éloignez de deux à trois lieues
du lieu de l'échoüement, y ont pris et emporté quantité desdites marchandises, avec d'autres éfets, con-
sistans en toilles, draps, coutelas, mousquets, vais-
selle d'estain et d'airain qui étaient tant dans la

chambre que dans ledit navire, où ils ont rompu plusieurs ballots, caisses et coffres et enlevé tout ce qu'il leur a plû, qu'ils ont emporté et fait transporter par charrois et en disposer à leur volonté qu'après l'arrivée desdits officiers audit navire, et qu'ils avaient fait travailler à la décharge et voiture d'une partie des marchandises du même navire, n'y icelle fait mettre en magazin audit Cayeux, dépendant de la maison de Robert de Lattre, dont les portes ayant été forcées sous les clefs desdits officiers, aucuns malveillans auraient, ledit jour 24 janvier, sur les huit à neuf heures du soir, forcé, rompû et brisé la fenêtre dudit magasin répondant sur la cour, dans lequel étant entrez, ils y auraient encore pris et « robbé » une grande quantité de pièces de toiles qui étaient couvertes de papier bleu, tant en rouleaux que carreaux, avec nombre de mousseline, diverses pièces de camelots de différentes couleurs et plusieurs paires de bas de laine, qui étaient dans un sac, outre deux carreaux de beurre et des caisses pleines de chandelles de suif, déposez dans ledit magazin contre ladite fenêtre, selon qu'il fut reconnû à l'instant par les officiers qui s'y transportèrent, à l'avis qui leur en fut donné, suivant que leur procès-verbal qu'ils en dressèrent sur les lieux le justifie, comme aussi que, le lendemain 25 janvier, autres marchandises qui avaient encore esté déchargées dudit navire et mises en deux charettes qui les transportaient sans escorte afin de les porter et déposer audit magazin avaient été pillées par un nombre desdits « quidants » aidez de plusieurs autres particuliers qui s'atrouppèrent et insultèrent tant lesdits officiers qu'autres par eux employés à la conservation des marchandises jusque là qu'ils ont blessé à coups de pierre et de cailloux le sous-brigadier des gardes aux gabelles et traites foraisnes, à plaie ouverte et sang coulant et ensuite iceux « quidants » et leurs adhérents, ainsi garnis d'armes offensives, seraient allez audit magazin auquel ils ont enfoncé la fenêtre répondant sur les ruës et causé une telle émotion et tumulte contre lesdits officiers qu'iceux pour éviter la fureur desdits « quidants » et se garantir la vie furent obligés de se retirer et partir ledit jour après midy dudit Cayeux, après avoir observé les sommations et protestations mentionnées en procès-verbaux qui sont au greffe dudit siège, informé et décretté contre aucuns desdits « quidants » et d'autant que ledit Exposant est averti qu'il y a plusieurs personnes qui sçavent à parler desd. vols, pilleries, fractions, séditions et rebellions, aussi bien que des receleurs desd. marchandises et autres éfets « robbés », pris et pillés, tant dans led. navire que dans lesd. charettes et magazins qui ont été cachées et retenues, même que lesd. « quidants » en ont vendu et distribué en villes, bourgs et villages circonvoisins dudit Cayeux par la connaissance que lesd. personnes en ont eue, aussi bien que de cinq à six pièces de toille qui ont été prises et « robbées » dans l'enclos de l'abbaye dudit Sᵗ-Vallery d'un plus grand nombre qu'il y avait qui séchoient dans ledit enclos, pour l'avoir ainsi vu et ouï dire, qui, néanmoins, gardent le silence au préjudice de l'équité et de l'autorité de la justice : l'Exposant par le deû de son ministère et pour en avoir revelation a baillé sa remonstrance et sur icelle obtenu ordonnance du sieur lieutenant de l'admirauté, du dizième du présent mois de mars, portant entre autres choses, permission de se pourvoir et obtenir monitoire, pourquoy nous avons accordé nos présentes lettres, monitoires et censures ecclésiastiques, pour avoir revelation des faits cy-dessus exprimés et d'autant que, de tout ce que dessus, circonstances et dépendances, plusieurs peuvent parler ou ont vû, scû, connû ou entendu quelques choses, ayant donné conseil, confort ou ayde, néanmoins s'en taisant, au peril et damnation de leurs ames au grand préjudice, dommage et intérest dud. Exposant lequel, pour en avoir preuve et revelation, a imploré notre office. » Suit la formule de l'excommunication.

Datum Ambiani nostris signo et sigillo, et curiæ spiritualis sigillo, anno Domini millesimo sexcentesimo octogesimo octavo, die decimatertia Martij. Ainsi signé : Piquet et Tavernier, avec paraphe et scellé de deux sceaux de cire rouge et au-dessous : Ceux qui auront connaissance de ce que dessus, le déclareront à Messieurs les curez.

Ces monitoires furent dûment signifiés et publiés ; mais nous ne connaissons pas la suite qui leur fut donnée et les résultats obtenus en tant que réparation du préjudice causé et punition des coupables.

Sans citer la nombreuse législation en cette matière, il nous suffira de noter encore, comme ayant été promulgués dans le même esprit de protection des naufragés la loi du 22 août 1791, titre VII[1], celle du 10 vendémiaire an IV rendant la commune

1. M. Georges Durand a fait suivre son étude sur « un navire à la côte du Marquenterre », *loc. cit.*, d'une délibération du Directoire du département de la Somme du 30 mars 1793 au sujet des mesures à prendre pour la sauvegarde des marchandises naufragées dans l'intérêt des propriétaires et du service des Douanes.

responsable du pillage pratiqué à force ouverte, par *attroupement*, enfin l'art. 4 de l'arrêté du 27 thermidor an VII. Il nous paraît surabondant de citer d'autres textes juridiques, notre but ayant été uniquement d'esquisser à grands traits le sort, aux différentes périodes de l'histoire de notre région maritime, des navigateurs venant, dans les nuits de tempête, se perdre sur les sables ou se briser au pied des falaises. En résumé, les actes de violence et de spoliation, dont nous avons cité un certain nombre d'exemples, et dont l'origine remonte à la plus haute antiquité, reflètent les appétits féroces et cupides de populations du littoral, se dissimulant, comme il l'a été dit plus haut, sous un prétendu droit de représailles ou un usage séculaire, toutes conceptions qui témoignent plus de l'ingéniosité de leurs auteurs que de leur sincérité et de leur bonne foi.

Aujourd'hui les progrès de la civilisation, l'adoucissement des mœurs, la vigilance administrative garantissent les navires et leurs équipages contre le retour de tels actes de brigandage. Il y a bien encore, de temps à autre, des épaves pillées comme celles du lougre français *Charles et Marie* échoué le 9 février 1869 dans la baie de Somme, chargé de sel et de vins et celles aussi d'un autre lougre, le *Masséna*, de Boulogne, naufragé le 29 décembre 1904 sur le banc de l'Ilette, à la pointe de Saint-Quentin et dont la cargaison fut, au gré des flots, portée au rivage. Mais ce ne furent là que des déprédations clandestines de vulgaires voleurs poursuivis et condamnés comme tels par la juridiction correctionnelle, des actes individuels tout à fait exclusifs de ces associations, de ces groupements d'autrefois pour qui les

naufrages, quand ils ne les provoquaient pas, étaient
une bonne fortune, un don du ciel, et dont ils con-
sidéraient les débris comme leur bien indiscutable.
Les sommiers judiciaires ne font plus apparaître
que des individus trouvés ivres-morts devant des
fûts provenant des navires en détresse ou d'infimes
recéleurs de planches, madriers ou cordages ayant
la même origine. Le droit de lagan n'est donc plus
qu'une vieille coutume désuète et ne présentant
qu'un intérêt historique.

On aime toutefois à rapprocher de ces lointains et
pénibles souvenirs, les actes de courage et de dé-
vouement que relatent si souvent, à notre époque,
les annales du sauvetage maritime. Combien y a-t-il,
dans les nombreuses stations créées par la Société
centrale de secours aux naufragés, de ces hommes
intrépides toujours prêts à braver les plus mauvais
temps afin de tirer, par les plus périlleux efforts,
leurs semblables d'un danger imminent. S'il a fallu
des siècles pour arriver à cette saine application des
droits et des devoirs des navigateurs et des côtiers,
il faut reconnaître que ces grands principes de soli-
darité humaine sont aujourd'hui admirablement
compris et réalisés.